yukismart.com/b/64575b
AF364399
1
2

baby

婴儿

yīng ér

boy

男孩

nán hái

friends

朋友

péng you

girl

女孩

nǚ hái

smile

微笑
wēi xiào

cry

哭
kū

hair

头发

tóu fà

eye

眼睛

yǎn jing

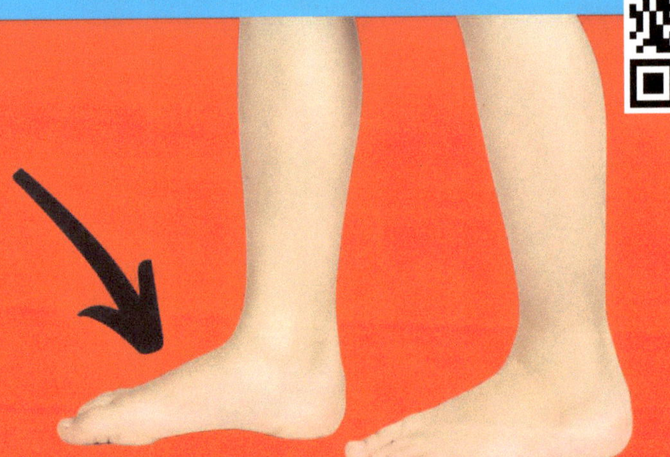

foot

脚

jiǎo

hand

手

shǒu

nose

鼻子

bí zi

teeth

牙齿

yá chǐ

ear

耳朵

ěr duo

tongue

舌头

shé tou

sun

太阳

tài yang

moon

月亮

yuè liang

star

星星

xīng xing

tree

树

shù

bird

鸟

niǎo

coat

外套
wài tào

pants

裤子
kù zi

dress

连衣裙

lián yī qún

shoes

鞋子

xié zi

red

红色

hóng sè

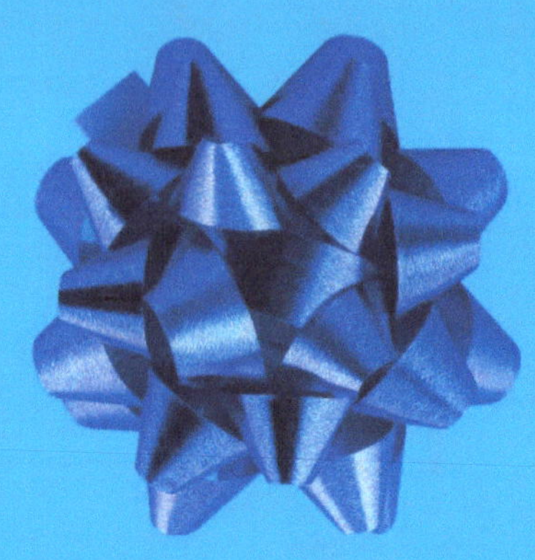

blue

蓝色

lán sè

yellow

黄色

huáng sè

pink

粉红色

fěn hóng sè

white
白色
bái sè

green
绿色
lǜ sè

black
黑色
hēi sè

multicolored
五颜六色
wǔ yán liù sè

rainbow

彩虹

cǎi hóng

apple
苹果
píng guǒ

banana
香蕉
xiāng jiāo

tomato
西红柿
xī hóng shì

orange
橙子
chéng zi

carrot

胡萝卜

hú luó bo

peas

豌豆

wān dòu

potato

土豆

tǔ dòu

corn

玉米

yù mǐ

lemon

柠檬

níng méng

grapes

葡萄

pú tao

pear

梨子

lí zi

watermelon

西瓜

xī guā

zucchini

西葫芦

xī hú lu

egg

鸡蛋

jī dàn

mushroom

蘑菇

mó gu

square
正方形
zhèng fāng xíng

circle
圆形
yuán xíng

rectangle

长方形

cháng fāng xíng

triangle

三角形

sān jiǎo xíng

cat

猫

māo

dog

狗

gǒu

fish

鱼

yú

cow

奶牛

nǎi niú

duck

鸭子

yā zi

chick

小鸡

xiǎo jī

hen

母鸡

mǔ jī

frog
青蛙
qīng wā

pig
猪
zhū

rabbit
兔子
tù zi

mouse
老鼠
lǎo shǔ

horse

马

mǎ

sheep

绵羊

mián yáng

flower

花

huā

butterfly

蝴蝶

hú dié

ladybug

瓢虫

piáo chóng

snail

蜗牛

wō niú

cake

蛋糕
dàn gāo

bread

面包

miàn bāo

clock

时钟

shí zhōng

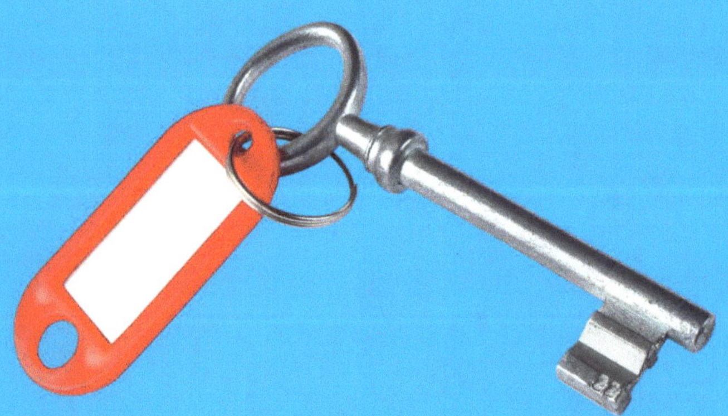

key

钥匙

yào shi

book

书

shū

ball

球

qiú

table

桌子

zhuō zi

plate

盘子

pán zi

chair

椅子

yǐ zi

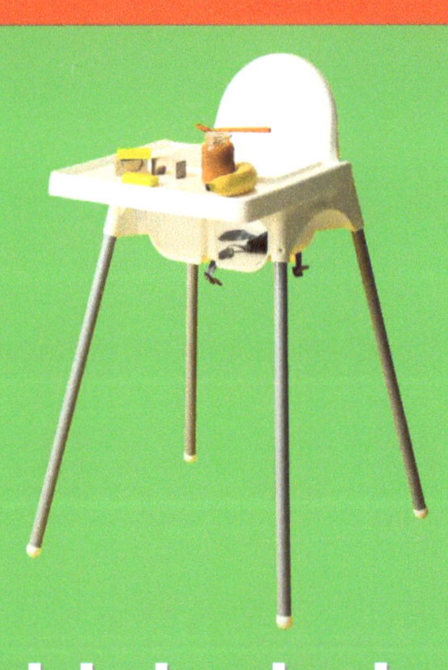

high chair

儿童餐椅

ér tóng cān yǐ

fork

叉子

chā zǐ

knife

刀子

dāo zi

spoon

勺子

sháo zi

cup

杯子

bēi zi

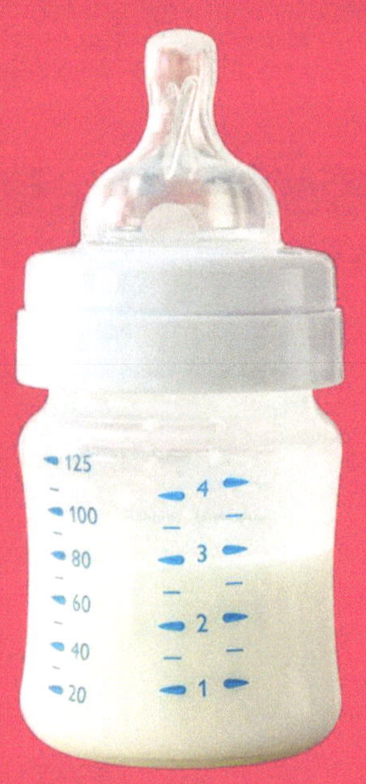

baby bottle

婴儿奶瓶
yīng ér nǎi píng

glass

玻璃杯
bō lí bēi

bed

床

chuáng

crib

婴儿床

yīng ér chuáng

teddy bear

泰迪熊

tài dí xióng

pacifier

奶嘴

nǎi zuǐ

towel
毛巾
máo jīn

sink
洗手池
xǐ shǒu chí

toothbrush
牙刷
yá shuā

soap
肥皂
féi zào

toilet
马桶
mǎ tǒng

potty
儿童坐便器
ér tóng zuò biàn qì

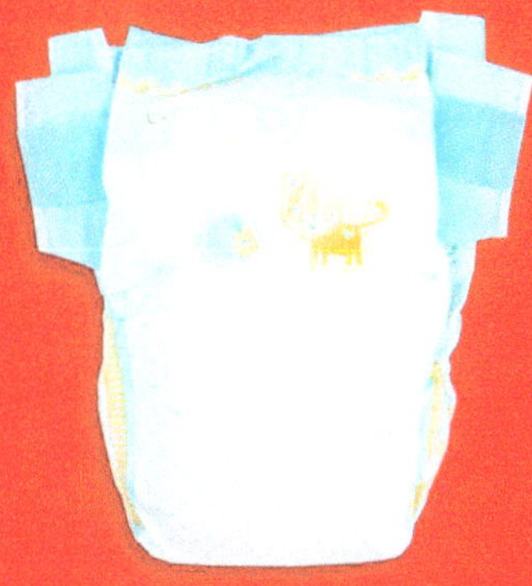

diaper
尿不湿
niào bù shī

car
汽车
qì chē

bike
自行车
zì xíng chē

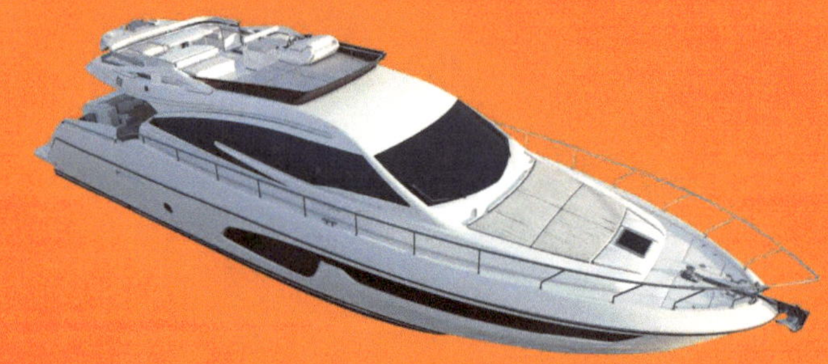

plane
飞机
fēi jī

boat
船
chuán

firetruck

消防车

xiāo fáng chē

train

火车

huǒ chē

toys

玩具

wán jù

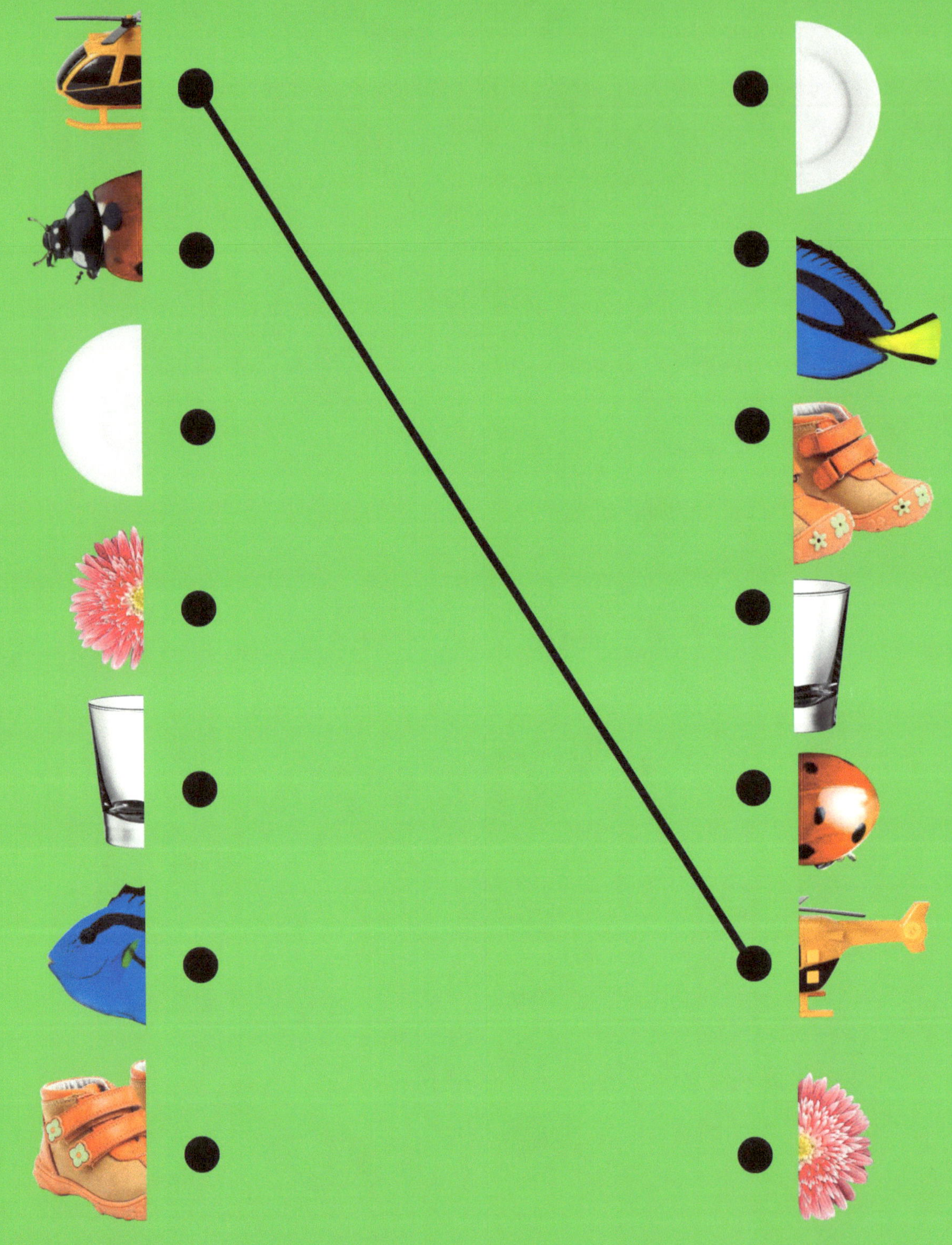